LA REVOLUCIÓN INDUSTRIAL

CONTADA PARA NIÑOS

RAMÓN D. TARRUELLA
ILUSTRACIONES: MATÍAS LAPEGÜE

LA REVOLUCIÓN INDUSTRIAL
CONTADA PARA NIÑOS
es editado por
EDICIONES LEA S.A.
Av. Dorrego 330 C1414CJQ
Ciudad de Buenos Aires, Argentina.
E–mail: info@edicioneslea.com
Web: www.edicioneslea.com

ISBN 978-987-718-542-3

Queda hecho el depósito que establece la Ley 11.723.

Primera edición. Impreso en Argentina.
Enero de 2018. Pausa Impresores.

Tarruella, Ramón D.
La revolución industrial contada para niños / Ramón D. Tarruella. - 1a ed. - Ciudad Autónoma de Buenos Aires : Ediciones Lea, 2018.
64 p. ; 17 x 24 cm. - (La brújula y la veleta ; 27)

ISBN 978-987-718-542-3

1. Revolución Industrial. 2. Historia. 3. Material Auxiliar para la Eneñanza. I. Título.
CDD 371.33

Cómo comenzó todo

Todo empezó en Inglaterra, allá lejos, esa alargada isla rodeada de otras islas, todas pertenecientes al continente europeo. En ciudades como Manchester, Lancashire, Liverpool o Londres, las formas de trabajo y de producción comenzaron a modificarse, tanto pero tanto que provocaron cambios revolucionarios en la historia... ¿Y cuáles fueron esos cambios? En poco tiempo, las grandes ciudades se super poblaron de fábricas y obreros, las calles y la casas se vieron invadidas de mucho humo, hollín, ruido, ¡mucho ruido! y trabajo, que inundó ciudades que en poco tiempo crecieron de manera insólita. Y esos nuevos trabajos generaron productos en gran cantidad que se dispersaron por el resto del mundo. Sí, así fue, de Inglaterra al resto del mundo.

Todo este proceso, que comenzó entre 1760 y 1780, fue llamado "Revolución Industrial" y vamos a conocerlo en las próximas páginas. Descubriremos que el resultado de esos cambios, de ese movimiento que se aceleró en unos pocos años, fue el sistema capitalista, el sistema económico que actualmente reina en el mundo. Y su origen fue, justamente, la Revolución Industrial.

Así que pónganse ropa de trabajo, arremánguense las mangas de la camisa y comencemos a recorrer juntos la historia de este proceso que cambió la historia del mundo.

CAPÍTULO I

Quiénes y cómo vivían en aquella Inglaterra

Antes de saber de qué hablamos cuando hablamos de Revolución Industrial, veamos cómo se vivía en esa Inglaterra del siglo XVIII. Algo fundamental para entender el proceso que nos tendrá ocupado en las próximas páginas.

El mundo europeo, por esos años, en su mayoría era un mundo rural. El paisaje más común era el campo, o la campiña como se lo llamaba. Extensos campos con diversos cultivos, extensos campos con diversas crías de animales. Plantaciones, animales y bosques, muchos bosques a los alrededores. Los cultivos de las tierras dependían del clima de cada región y las comunicaciones entre las regiones… no era nada fácil comunicarse entre uno y otro lugar. Todo era lento y muy dificultoso. El transporte se hacía con carros tirados a caballo que formaban senderos, como también había carros tirados por personas. En esos carros, además, se transportaba la producción obtenida en esos campos.

Las casas se construían amplias, tanto las de familias ricas como las de los pobres, rodeadas por grandes extensiones de tierra, ideales para la siembra y la cría de animales.

La mayoría de la población europea estaba formada por campesinos pobres, que trabajaban día y noche en los campos cuyos dueños eran otros. Sus rostros se veían curtidos por los avatares del sol y por las altas y bajas temperaturas. La familia entera trabajaba en los campos. Niños, hombres, mujeres, todos resultaban útiles para las tareas. Y en su mayoría eran analfabetos, ya que casi no había escuelas en esas regiones. Las pocas escuelas que existían, estaban en las ciudades, y sólo concurrían los hijos de las familias adineradas. No era fácil la vida en la campiña.

Antes de la Revolución Industrial, se vivía solamente de lo que se obtenía de la producción rural, es decir, de lo que la tierra podía dar. De los animales que se criaban, de las plantaciones y de los cultivos que se sembraban. Esto no pasaba sólo en Europa, lo mismo sucedía en el resto del mundo.

La vida giraba en torno al campo. Los campesinos elaboraban la mayor cantidad de productos que se consumía y vendía en el planeta Tierra. Campesinos de las estepas, de las montañas, cercanos a los ríos y también de las regiones desérticas.

En muchos casos, esos campesinos vivían sin salir de sus pueblos, sin conocer ni viajar a otras regiones lejanas, hasta podían pasar la vida entera sin conocer lugar alguno que no fueran los campos donde trabajaban. Recordemos: no había medios de transporte que facilitaran la movilidad. Apenas unas carretas lentas tiradas a caballo. Todavía no existían los trenes. Imagínense, ni la bicicleta se había inventado. Y tampoco salían de sus regiones porque se sabía muy poco del mundo, apenas unos pocos, unos muy pocos, tenían noción de lo que ocurría en el exterior. La vida campesina era muy limitada.

¿Y de quiénes eran esas tierras? ¿De los campesinos que la trabajaban o había otros dueños? La mayoría de esos campesinos de toda Europa trabajaban en los campos de los terratenientes y para los terratenientes. ¿Y quiénes eran los terratenientes? Eran los dueños de las tierras de ese mundo campesino, dueños de las mejores tierras y de las más productivas.

Los terratenientes eran los que mejores vivían en ese mundo rural, en estancias y casas amplias, sin demasiados problemas. Muchos de ellos buscaban la mejor educación para sus hijos, que enviaban a las universidades, situadas en las grandes ciudades, justamente para proyectar otro futuro y para evitar la vida rural.

Ya vimos cómo y quiénes vivían en los campos en esos años. Ahora, nos queda por ver qué más se producía en la llamada campiña. Ya mismo pasamos a contar esa y otras cuestiones.

La familia unida

Sigamos en el siglo XVIII. Pero vayamos un poco más atrás, a los primeros años de ese siglo, antes, mucho antes del inicio de la Revolución Industrial. Dijimos que todo lo que habitaba el mundo rural era útil para el trabajo.

Además de trabajar la tierra y criar animales, en algunas regiones existían talleres familiares o domésticos, también llamados sistema *putting-out*. Se trataba de establecimientos con pocos empleados, instalaciones rústicas y máquinas de uso manual. De esos talleres salían los productos más elaborados que se podían encontrar en todo el continente europeo, aunque el proceso de elaboración era mínimo y la tecnología muy baja. Todas las herramientas existentes en esa época se construían con poco material, y eran para trabajos sencillos, fáciles de realizar. Por eso, como ya dijimos, las máquinas de esos talleres familiares eran muy fáciles de utilizar.

¿Y cómo funcionaban esos talleres? En ellos se concentraba la familia entera para trabajar la materia prima que le traía algún mercader. Ya hablaremos de la importancia de los mercaderes por esos años. Volvamos a los talleres familiares. Allí, en esos espacios chicos e incómodos, estaba el padre, la madre, los hijos y, si acaso lo permitía el tamaño del taller, podían emplearse algunos vecinos. Pero no muchos más. Así como eran pocos los trabajadores también era escasa su producción.

Pero... ¿qué es la materia prima? Se trata nada menos que del producto que se extrae de la naturaleza sin necesidad de una elaboración previa. Pueden ser frutos para diferentes usos, productos extraídos de la siembra y la cosecha, o bien de los animales. Por ejemplo, la lana de las ovejas, el cuero de las vacas, o el algodón de los arbustos, la madera de los árboles o el trigo de la tierra. Todo eso, y mucho más, son materias primas.

Aparece el mercader

Sigamos entonces. Nos quedaba por ver quién era el mercader. Cuál era su importancia. Veamos. El mercader fue fundamental para el despegue de la Revolución Industrial. Ese mismo mercader, que también llamaremos comerciante, luego se convirtió en inversor y luego pasó a llamarse "burgués". Ese mercader o comerciante compraba la materia prima en alguna región cercana, o bien podía ser de algún lugar más alejado, de otro continente, para luego trasladarla a esos talleres domésticos. En Inglaterra, la materia prima de mayor circulación durante esos años era el algodón.

Al llegar a los talleres, la materia prima se elaboraba en esas máquinas y una vez terminado el trabajo, ese comerciante retiraba los productos ya listos para venderlos en otro mercado. ¿Y cómo se llamaban los productos que salían de los talleres ya elaborados? Se llamaban manufacturas. Es decir, la manufactura es la materia prima transformada en otro producto, luego del paso por el taller.

Pero volvamos a hablar del comerciante o mercader. El traslado de materia prima primero, y luego de la manufactura, al comerciante, les generaba importantes ganancias. Por eso, justamente, se animaba a soportar esos viajes tan cargados, por caminos peligrosos y dificultosos. Además que en muchos casos, se trataba de travesías largas y en carretas lentas. Fue el comerciante, el que con el tiempo, supo aprovechar esas ganancias, como ya veremos.

Pero hay algo más por el cual esos talleres fueron sumamente importantes para la Revolución Industrial. En esos talleres, justamente, se aplicaron los primeros inventos diseñados por ingenieros y técnicos. Se trataba de nuevas máquinas que buscaban acelerar la producción. Todas esas nuevas máquinas se aplicarían a la producción textil, es decir, a la elaboración del algodón. Eran pequeños avances pero sin un uso sofisticado de la tecnología. Más bien todo lo contrario. Sin embargo, las innovaciones, con el paso del tiempo, sirvieron para mejorar y acelerar la producción.

Ya hablaremos de esas nuevas máquinas que cambiaron los números de la producción.

La ciudad, el escenario de los negocios

Hasta ahora estuvimos hablando del campo, de los campesinos y de la economía rural. Pero en las ciudades... ¿qué sucedía? ¿Cómo eran?

Existían ciudades con actividades varias. Allí se hacían grandes ferias, cercanas a los puertos, donde se vendían, compraban y canjeaban artículos de diferentes regiones del mundo. Una cantidad importante de personas llevaban y traían mercadería de todo tipo. Por eso, la mayoría de las ciudades estaban ubicadas cerca de los puertos, donde arribaban los barcos cargados de productos de diferentes partes del mundo, productos que en breve serían vendidos en esas ferias.

De esa manera, los comerciantes obtenían sus amplias ganancias. Algunos de esos productos eran objetos suntuosos, para las clases altas, para los ricos de la región. Y también se vendían productos de uso diario, de bajos precios y accesibles y necesarios para buena parte de la sociedad.

Algunos comerciantes llegaban con mercaderías que habían conseguido en otras partes del mundo, recién bajadas de los barcos. Mientras que otros ofrecían productos de regiones no tan lejanas. Las ciudades servían para ese tipo de negocios y eran donde se concentraba el mayor desarrollo comercial de esos años. Muchos de los productos que se vendían en esas ferias salían de los talleres domésticos. Ofrecidos, como siempre, por esos comerciantes. Era la clave de sus negocios.

Las ciudades habían crecido, en gran parte, gracias a todo ese recorrido de mercaderías que movilizaron los comerciantes. Y muchas de esas ciudades, debido a ese circuito comercial, cambiarán totalmente con la llegada de la Revolución Industrial.

El dueño de otros mundos

Para entender el proceso de la Revolución Industrial, es bueno saber qué lugar ocupaba Inglaterra en el siglo XVIII. Entender esa situación y sobre todo, conocer algunos datos de importancia. Por ejemplo, que Inglaterra era el país con mayores colonias en el mundo. Empecemos por ahí entonces.

¿Cómo se conseguía una colonia? Esto es importante para entender las aventuras y desventuras de este libro. Las naciones poderosas y con intenciones de expandir su influencia, un buen día llegaban a otro país u otra región, por medio de la fuerza se apropiaban de sus tierras. Obviamente, también de sus riquezas y de cada uno de sus recursos. De inmediato todo pasaba a manos de ese país dominante.

Eso sucedió con España, sometiendo a buena parte del continente americano. Y con Portugal en Brasil. Y también con Inglaterra en muchas regiones de Asia y de América. Pero, ¿qué ventajas significaba tener esas colonias? Hacia el siglo XVIII, los ingleses dominaban buena parte del actual territorio de India, uno de los países más grandes de Asia. De allí extraían mucho algodón. Y también dominaron, hasta 1776, a Estados Unidos. Luego Estados Unidos se independizó de Inglaterra. También de allí obtenían mucho algodón. Entonces, una de las ventajas de poseer colonias era, justamente, extraer sus recursos y riquezas. El algodón de India y de Estados Unidos llegaba, en grandes cantidades, a Inglaterra.

Esas posesiones coloniales fueron estimuladas y protegidas por el gobierno monárquico inglés, que siempre buscó conservarlas. Y no solo conservarlas sino también, ampliarlas. Siempre con el mismo objetivo: extraer sus riquezas al máximo. ¡Vaya que lo lograron!

Pero no solo el algodón se llevaban de esas colonias. Por ejemplo, de India se extraía una gran cantidad de opio, una droga muy consumida en esa época. Ese país fue una fuente inagotable de riquezas que se obtuvieron durante todo el siglo XIX y buena parte del siglo XX y por eso, los ingleses la llamaban "La perla del imperio".

La producción algodonera, fuese en el país que fuese, cubría grandes plantaciones en las zonas rurales, la mayoría de ellas trabajadas por esclavos, hombres y mujeres comprados como si fuesen un objeto o una mercadería, para luego trasladarlos a otras regiones a diferentes trabajos. Porque así se ofertaban, como una mercancía, un objeto pagado con dinero o a cambio de productos. En su mayoría, los esclavos se destinaban a los trabajos rurales, aunque también se empleaban en tareas domésticas. Por ejemplo, las mujeres se convirtieron en personal de limpieza de las familias adineradas. Los hombres, a su vez, terminaban trabajando en los campos de algodón, en las minas de carbón u en otras tareas muy duras. La mayoría de los esclavos provenían del continente africano, donde los países europeos poseían varias colonias. Durante siglos y siglos, fueron trasladados de África a América del Sur, a Asia, a Estados Unidos y a Europa.

Y así como Inglaterra lideró durante años la economía mundial, por esos años también lideró el mercado de esclavos. Para manejar

ese negocio, creó la *Royal African Company*, empresa encargada de comprar hombres y mujeres en África. Durante todo ese tiempo, gracias a esa compañía monopolizó el mercado de esclavos.

Esos volúmenes de algodón, luego de ser cosechados por manos esclavas, circulaban por los mares del planeta gracias al desarrollo naval de Inglaterra. Recordemos que los barcos ingleses eran los más avanzados y poderosos del mundo. Y a Inglaterra, justamente, pertenecieron los más famosos piratas y corsarios, todos ellos ladrones de riquezas ajenas. Los piratas robaban para sus arcas, es decir, solo para beneficio personal. Y los corsarios, lo hacían para la corona y con su permiso. Más allá de las diferencias, eran maestros en el arte del saqueo, sus víctimas eran los barcos que encontraban en medio de mares y océanos. Curiosamente, estos personajes protagonizaron historias que hasta los convirtieron en héroes.

Fueron muchos años de andar y andar por los mares y así pudieron conocer islas, costas, geografías desconocidas, nuevas rutas marítimas. Ese conocimiento le permitió a Inglaterra desarrollar su poderío naval y, en consecuencia, tener el dominio comercial del mundo. Todo esto sucedía en el siglo XVIII, el siglo del despegue de la Revolución Industrial.

Un yerno peligroso

Ya tenemos un panorama bastante completo de esa Inglaterra previa a la Revolución Industrial. Ahora, veamos quiénes gobernaban ese país, quiénes estaban a cargo de la nación que sería protagonista de la historia mundial de los próximos siglos. Debemos comenzar por entender la monarquía británica, para entender luego los futuros cambios.

Todo comenzó años atrás, antes incluso del siglo XVIII en donde nos detuvimos. Fue en un tiempo en que la corona inglesa tuvo grandes conflictos por diferencias religiosas entre católicos y protestantes.

El protestantismo había surgido tiempo atrás, con la llamada Reforma Protestante, en el siglo XVI, y tuvo un gran impacto: sus ideas recorrieron varios países de Europa poniendo en duda los dogmas cristianos. Y uno de esos países donde impactaron esas nuevas ideas fue Inglaterra. Todos los sucesos importantes de esos años parecían concentrarse en ese país.

Así es que llegamos a 1688, con las ideas protestantes haciendo pie en varios países europeos. En ese año, Inglaterra estaba aún bajo el reinado de Jacobo II, rey católico pero con las intenciones de aceptar las diferencias religiosas para terminar con las peleas. Sin embargo, a pesar de las buenas intenciones, ese año fue bien complicado para el rey Jacobo II, ya que fue derrocado por su propio yerno, Guillermo de Orange, casado nada menos que con su hija María. Ayudado por ejércitos de otros países, Guillermo de Orange derrocó a su propio suegro, y así, en el año 1689 Inglaterra tuvo un nuevo monarca. Este Guillermo de Orange estrenaba título de rey y nombre: pasaba a llamarse Guillermo III. A todos estos hechos se los conoció como la "Revolución Gloriosa", que algunos tomaron como una pelea por diferencias religiosas pero que, en verdad, había sido un golpe de estado.

¿Qué relación había entre estas luchas en el interior de la corona inglesa con la Revolución Industrial?

El nuevo rey nombró un Parlamento, una institución con voz y voto que gobernaría junto a la corona. Así, Inglaterra pasaba a tener una monarquía parlamentaria. Es decir, una monarquía que gobernaba acompañada de un Parlamento.

¿Y qué tiene que ver la monarquía parlamentaria con la Revolución Industrial? Nada menos que desde ese Parlamento se dictaron muchas leyes en favor del desarrollo comercial y que, a su vez, beneficiaron a los grandes comerciantes, esas personas que iban y venían de un lugar a otro cargados de mercaderías y obteniendo importantes ganancias. Ese Parlamento no solo protegió al comercio, sino que dictó leyes para estimular su crecimiento dentro del país. Además, dictó leyes que favorecieron el comercio que se expandía hacia el resto del mundo. Se trató de una monarquía moderna, con ideas innovadoras para el momento.

Más allá que Guillermo III murió en 1702, la monarquía siguió aplicando medidas que buscaron fortalecer a los comerciantes y la circulación de productos ingleses por todo el mundo. Todo esto repercutió en los cambios que generaron, años después, la Revolución Industrial.

Bien, tomemos un descanso aquí y repasemos.

Tenemos: una economía rural dominante, una gran producción de algodón, los talleres familiares en pleno funcionamiento, donde la materia prima se transformaba en manufactura. Unos comerciantes con mucho recorrido y dispuestos a ganar más y más dinero. Una fuerza marítima que dominaba los mares del mundo. Un gobierno monárquico con intenciones de proteger el comercio inglés. Entonces, ¿qué faltaba para dar el salto a la Revolución Industrial? ¿Qué faltaba para la creación de las fábricas modernas?

Eso lo veremos en el próximo capítulo: el gran salto, y por lo tanto, los primeros pasos de la Revolución Industrial. Hacia allá vamos.

CAPÍTULO II

LA PRODUCCIÓN SE MUDA A LA CIUDAD

La Revolución Industrial no fue un proceso que surgió de un día para otro. Por eso, no hay una fecha precisa de su inicio como, por ejemplo, la Revolución Francesa, que estalló el 14 de julio de 1789. O la llegada de los españoles a América, que fue un 12 de octubre de 1492. La Revolución Industrial no tiene un día para conmemorar tamaño evento. Algunos dicen que comenzó en la década de 1760, otros sostienen que fue en 1780. Pero nosotros no vamos a meternos en esas discusiones. ¡Sigamos adelante!

Todo fue sucediendo de a poco, paso a paso. La aparición de algunas innovaciones técnicas, las nuevas máquinas, una ley que puso a disposición una cantidad de trabajadores para las fábricas y mucho, pero mucho, algodón para ser trabajado.

De todo eso hablaremos en este capítulo. Comenzaremos con las máquinas, a las que estamos tan acostumbrados en la actualidad pero que, para esos años, resultaban toda una novedad. Máquinas que hoy estarían en un museo. Veamos cuáles fueron esas novedades técnicas.

Y llegaron las máquinas

De esos talleres domésticos, como ya dijimos, salían los productos que llevaban una elaboración mínima, lo que se llamaba manufactura, utilizándose máquinas de baja tecnología. Esos talleres fueron los primeros lugares donde comenzaron a probarse las nuevas máquinas. Esas mismas máquinas que con el tiempo facilitaron una producción acelerada, es decir, más productos en menos tiempo.

Muchos de estas innovaciones técnicas se dieron gracias a un cambio fundamental del siglo XVIII: el uso del hierro para diferentes tareas que estimuló, a su vez, la producción minera. Se comenzó a usar hierro donde había y se podía. A medida que el siglo fue avanzando, comenzó a reemplazar la madera de los puentes, de las herramientas y de las máquinas. A fines de ese siglo aparecieron los primeros puentes de hierro, reemplazando a los de piedra o madera. El primer puente de hierro se inauguró en 1779, un logro de ingenieros ingleses.

El hierro fue lo que estimuló los cambios y las innovaciones en el campo y en los talleres domésticos. Pero, ¿cuáles fueron esas innovaciones? Pasemos a describir algunas, con sus respectivos inventores.

Un tal John Kay, un inglés de la ciudad de Lancashire, fue el inventor de la lanzadera volante, de uso sencillo y que requería poca inversión. La lanzadera permitió una producción textil a mayor escala. Si bien la patentó en el año 1733, fue utilizada décadas después en los talleres. Y muy bien aprovechada. Kay, a pesar de ser uno de los propulsores de la Revolución Industrial, murió en Francia en 1793, pobre y olvidado.

Y hubo más innovaciones. En la ciudad de Birmingham, dos socios inventaron la máquina de hilar. Ellos fueron Lewis Paul y John Wyatt. Tal fue el éxito de su invento que abrieron varias fábricas en esa misma ciudad, aprovechando al máximo su invento. Ellos, por suerte, aprovecharon en vida su invento.

¡Y hubo muchos más!

En 1764, en el pueblo de Stanhill, en el distrito de Lancashire, se inventó la hiladora Jenny. Su inventor, James Hargreaves, era un humilde carpintero y tejedor que en algún momento se le ocurrió esta máquina, capaz de hacer el trabajo de siete u ocho trabajadores. El nombre de la máquina fue por su hija Jenny. Cuando Hargreaves murió en 1778, su invento ya se utilizaba en varias ciudades de Inglaterra. Sin embargo, murió también pobre, como John Kay. La pobreza parecía ser el destino de algunos de los inventores de las grandes riquezas de Inglaterra. Paradojas de la historia, como tantas otras.

Sigamos con los inventos y sus creadores. Richard Arkwright fue otro de los nombres importantes para el impulso de la Revolución Industrial. ¿Qué fue lo que inventó? En 1769, lanzó la máquina de hilar. También oriundo del condado de Lancashire, fue en su juventud peluquero, profesión heredada de su padre, hasta

que un buen día se dedicó a los inventos. Para suerte de la familia de Arkwright, pudo tener una vida cómoda, logrando ser dueño de varias fábricas textiles. Tal es así que en 1786 lo nombraron "caballero", una condecoración de honor que otorgaba la corona inglesa a ciertas celebridades. Rico y caballero gracias a la máquina de hilar.

Vimos inventos e inventores muy importantes para el desarrollo de la Revolución Industrial. Pero nos falta uno, fundamental, tal vez de los más conocidos, se trata de James Watt, un ingeniero escocés que supo perfeccionar la máquina a vapor. Una de los inventos más complejos y que más revolucionaron el trabajo industrial.

Veamos un poco quién fue y la importancia de su invento.

James Watt, el hombre de la lamparita

El conocimiento técnico de James Watt venía de familia. Su abuelo había sido un célebre profesor de matemáticas y su padre ingeniero naval. Acaso tenía el destino marcado. Así fue que Ingresó a la Universidad de Glasgow, ciudad escocesa donde nació, y al poco tiempo comenzó a trabajar con máquinas de vapor.

Luego de varios años de investigar y probar con una cosa y con otra, llegó a su célebre invención. Se trataba de la conocida máquina de vapor a agua. La máquina de vapor, en verdad, ya estaba patentada desde 1712, casi seis décadas antes de su invención. Esa primera máquina se utilizaba, sobre todo, para la minería. Watt logró perfeccionarla, lo que permitió aprovechar mejor la energía y así potenciar su rendimiento. Por eso, de inmediato se utilizó para las nuevas fábricas.

Watt patentó la nueva máquina de vapor a agua en 1769. Pero... ¿por qué era importante patentar un invento? Muy simple: porque de esa manera, a la máquina o a una determinada fórmula, se la registraba como perteneciente a un autor. Y para vender esa máquina o fórmula, y certificar su propiedad, se necesitaba un registro. Es decir, una patente. Y fue lo que hizo Watt, junto a su socio Matthew Boulton. Hombres precavidos.

Apenas la patentaron, comenzaron a vender la nueva máquina de vapor. Y fue tal el éxito que en poco tiempo la firma Boulton & Watt acumuló una importante fortuna. Es muy importante patentar un invento, no solamente en esos tiempos, sino ahora también.

Ni la edad ni la fortuna le impidió a Watt seguir investigando. Y así, dio a conocer nuevos inventos. Por ejemplo, fue él quien bautizó a la unidad de potencia "caballo a vapor". Continuó investigando y debido a esos nuevos hallazgos, a la unidad de potencia eléctrica se la llamó "watt" (en castellano también se la conoce como "vatio"). Fíjense, si quieren, en las lamparitas: la potencia de luz se mide por watt, en referencia y homenaje a nuestro amigo James. Sus logros coincidieron con los primeros pasos de la Revolución Industrial y por eso obtuvo primero fortuna, y luego prestigio mundial. Nada menos que el hombre indicado en el momento indicado.

Y un día aparece el inversor

Los inventos que estuvimos viendo fueron destinados a la producción textil, la industria más desarrollada por esos años, gracias a la enorme cantidad de algodón que se obtenía de las colonias. Cuando se aprendió a usar las nuevas máquinas, la producción textil se aceleró de forma inesperada. ¿Y de qué manera se aceleró? Muy simple: mayor producción en menos tiempo, un dato que los comerciantes o mercaderes supieron tener en cuenta. Y lo aprovecharon, vaya si lo supieron aprovechar.

Fue cuando muchos comerciantes se volvieron inversores. ¿Qué es un inversor? Es quien gasta una determinada cantidad de dinero, comprando mercadería o maquinarias, con la intención de ganar más dinero. Gasta dinero al inicio del negocio para ganar más dinero al terminar ese mismo negocio. Se trata de invertir-recaudar-volver a invertir. La Revolución Industrial necesitó de muchos inversores para su despegue. Esos inversores, que seguían siendo comerciantes, comenzaron a buscar lugares más grandes aprovechando la mayor producción que obtenían con las nuevas máquinas. Los talleres domésticos estaban quedando chicos. Los nuevos espacios que se necesitaban los encontraron en la ciudad que, a su vez, se convirtieron en las primeras fábricas de la era industrial. Así fue que en las ciudades más importantes de Inglaterra, se abrían fábricas. En Lancashire, Manchester, Liverpool, Londres, Birmingham y muchas más.

Se dedicaron, al principio, a la industria textil, básicamente a la elaboración del algodón. Es decir, convertir en manufactura la materia prima, en este caso, la materia prima era el algodón. Fue la industria textil la que estimuló los primeros pasos de la Revolución Industrial.

Pero antes, veamos cómo también hubo inventos que se aplicaron al trabajo rural. Había innovaciones para todos y en todos lados.

El hierro también llegó al campo

Igual que pasó con las innovaciones que modificaron la producción de los talleres domésticos, también hubo personas que se dedicaron a pensar cómo mejorar la producción rural, ese mundo rural que vimos anteriormente en detalle.

Casi al mismo tiempo que aparecieron las nuevas máquinas en los talleres, en el campo se aplicaron una serie de cambios que permitieron una mayor producción con menos trabajadores. Sembradoras más rápidas, arados más fáciles de manejar, nuevos cultivos, mejoras en la cría de los ganados. Todas estas cosas en muy poco tiempo aceleraron la producción en el mundo rural. Y también por el uso del hierro y de otras invenciones.

En la cría de ganado, luego de estudios detallados, se perfeccionaron las razas y las variedades de animales. Por eso, muchas razas de ganado tienen, incluso actualmente, nombres ingleses. ¿Y para que sirvió todo esto? Permitió nada menos que mejores rendimientos, en calidad y volumen de producción.

Claramente, todos esos beneficios favorecieron a los terratenientes, los que disponían de las mayores y mejores tierras. Algunos definieron a estos cambios como la "revolución agrícola". Pero más allá de los nombres, lo importante es todo lo que aportaron esos adelantos para que surgiera la Revolución Industrial. ¡Hacia allá vamos!

A medida que fueron asentándose los cambios en la producción rural, hubo muchos campesinos que perdieron el empleo, deambulando por los campos sin un rumbo claro. ¿Qué pasó con ellos? Muchos tenían un solo destino: la ciudad.

Como veremos en breve, la mayoría de esos campesinos sin empleo serían los primeros trabajadores de las nuevas fábricas industriales.

La fórmula del éxito

Las nuevas máquinas comenzaron a multiplicarse, se compraban y se trasladaban a las ciudades, a pedido de los dueños de las nuevas fábricas. De a poco, se iban reemplazando los talleres domésticos... ¡y la ciudad era el lugar indicado para las nuevas fábricas! Pero, ¿quiénes eran los compradores? Muchos eran, justamente, los comerciantes, ahora convertidos en inversores. Los mismos que se encargaban de comprar la materia prima en los mercados, que llevaban esa materia prima a los talleres domésticos y que, luego, con los productos elaborados, se dirigían nuevamente a los mercados para venderlos. El objetivo era multiplicar el dinero pagado por esa primera compra. Era la mentalidad del hombre de negocios del siglo XVIII.

Pero... tanto recorrido, tanto movimiento, ¿daba buenas ganancias?

¡Sí, daba muy buenas ganancias!

Para aumentarlas, los inversores aplicaron una fórmula bien provechosa: comprar barato para vender más caro. La fórmula del éxito. Una fórmula que asentaron las bases de la Revolución Industrial.

Las distancias a recorrer y las dificultades de los caminos ya no importaban. Quien sabía aprovechar la fórmula de comprar barato y vender caro, tenía el éxito asegurado. Algodón y otras materias primas nunca faltaban. Además, las nuevas máquinas permitían acelerar la producción. Todo marchaba a pedido de estos inversores.

Pero además de estos beneficios, que ya eran muchos, los costos para esas inversiones resultaban bajos. Cualquier comerciante que tenía algún ahorro, producto de las ganancias de varios años, podía invertir en comprar máquinas y ponerlas en funcionamiento. Así fue que varios interesados advirtieron las nuevas posibilidades que ofrecía Inglaterra a fines del siglo XVIII.

Un negocio joven y prometedor.

Armando el bolso rumbo a la ciudad

Todo parecía marchar a la perfección para los inversores, esos primeros capitalista del mundo. Pero... había algo que podía hacer peligrar esa fórmula del éxito. Con el aumento de la producción y los espacios más grandes, se necesitarían trabajadores, más trabajadores.

¿Cómo se solucionaría ese problema? En parte gracias a una ley que dictó la monarquía inglesa: la ley de cercamiento, también llamada *Enclosure Acts*. Esa ley se sancionó en la década de 1760 y les permitía a los terratenientes apropiarse de tierras comunales cercanas a sus terrenos. Es decir, que si cerca de sus campos había tierras sin uso y sin dueño, podían quedárselas. Siempre y cuando la utilizaran para producir algo. En pocos años fueron propietarios de una gran cantidad de terrenos. Ahora, con la nueva ley, unas pocas familias poseían la mayor cantidad de tierras de Inglaterra.

A medida que se extendieron las propiedades de los terratenientes, los campesinos debieron buscar otros rumbos. Entonces, ¿qué hicieron? Una buena parte de esos campesinos que se quedaron sin tierra y sin poder trabajar, comenzaron a dirigirse a las ciudades, en busca de trabajo. ¿En dónde podían trabajar? Sí, ¡en las nuevas fábricas!

De esa manera, una gran cantidad de campesinos se vieron obligados a atravesar el largo camino hacia a las ciudades, en busca de trabajo. Se encontraron con tareas y oficios que desconocían por completo, y debieron compartir un espacio de trabajo con personas que jamás habían visto. Un cambio abrupto e inesperado en poco tiempo.

Pero no se imaginaban lo que les esperaba. Se convirtieron, inesperadamente, en los primeros obreros de la Revolución Industrial.

CAPÍTULO III

UNA MULTITUD EN LA CIUDAD

Los caminos que unían los campos y las ciudades, en poco tiempo, se vieron repletos de hombres y mujeres peregrinando con la cabeza gacha y la incertidumbre a cuestas, hacia un nuevo destino. Ese nuevo destino eran las ciudades, escenario de los grandes cambios. Comenzaba una nueva forma de producción y de organización social del trabajo. Era el primer capítulo del sistema capitalista, el sistema social y económico que predomina actualmente en el mundo.

Nuevos caminos para la era industrial

Como vimos, Inglaterra en toda su extensión, estaba en pleno cambio, en ebullición, en movimiento, tanto las ciudades como el campo. Los comerciantes buscaban espacios posibles donde instalar las nuevas fábricas. Los campesinos sin tierra ni trabajo, buscaban desesperadamente un empleo. Las distancias entre el campo y la ciudad parecían achicarse, debido a esos movimientos de personas que iban y venían.

Y por eso, comenzaron a hacerse mejoras en los caminos terrestres, sobre todo para facilitar el flujo comercial. El uso del hierro y otros metales permitieron la construcción de nuevos coches, donde también se reemplazaba la madera por el hierro, lo que facilitaba un andar más rápido y con menos riesgos. Esas mejoras fueron proyectadas por la monarquía inglesa. Nuevamente, el gobierno hacía su aporte para estimular los cambios. Si bien los caminos aún eran de tierra, el tránsito de personas mejoraba día a día. Los coches más seguros y resistentes, las rutas más accesibles, todo estimulaba el avance de la Revolución Industrial.

Pero, no sólo los caminos mejoraron, sino también los puertos. Desde inicios del siglo XVIII, en los principales puertos de Inglaterra se crearon nuevas instalaciones para una mejor navegación. También se construyeron canales, especialmente en las regiones donde se extraía el carbón. El primer canal se terminó en 1761, en el norte de Inglaterra. Se inauguraron varios más, a fines del siglo XVIII, para facilitar las cargas y descargas, tanto del carbón como de los productos importados y de los que se exportaban. Los puertos resultaban un lugar clave para el comercio de importación y exportación, donde circulaban cada vez más productos y personas.

Muchos de esos cambios formaron parte de la política del gobierno inglés, una política que buscaba favorecer el comercio a

gran escala, es decir, el comercio que mayor caudal de productos manejaba y, obviamente, que más dinero generaba. También hubo inversiones de los comerciantes más importantes para la mejora de las rutas y de los puertos. Es decir, inversiones del sector privado.

Es necesario destacar que la monarquía inglesa creía que el crecimiento del país dependía de ese sector comercial. Puntualmente, del sector de los grandes comerciantes que ahora, con la Revolución Industrial, se convirtieron en grandes inversores. Por eso, a pesar de la escasa tecnología de esos años, se aplicaron mejoras en los puertos, en los caminos, en las fábricas y, también, en los barcos.

Veamos algunas innovaciones que tuvieron las embarcaciones. Hubo importantes avances en los instrumentos náuticos, los que facilitaron una navegación segura y más rápida. Mientras, los ingenieros y científicos estaban ocupados en diseñar la gran creación del siglo XIX: el barco a vapor. Inglaterra tenía los mejores barcos del mundo. Por eso, podían llegar hasta los rincones más lejanos del planeta. Al menos, lejanos y desconocidos para esos años.

La evolución en los medios de transporte permitió una mejor comunicación entre diferentes regiones, una movilidad más rápida de las personas, además de achicar distancias entre los continentes. Y, fundamentalmente, un mejor traslado de la materia prima y de los productos manufacturados. La maquinaria capitalista se ponía en marcha y nadie podía pararla.

El pan nuestro de cada día

La nueva era industrial había comenzado en ciudades como Lancashire, Manchester, Liverpool, Birmingham, Londres. Buena parte de Inglaterra se convirtió en una chimenea trabajando y trabajando. Las ciudades comenzaron a colmarse de nuevas personas como nunca antes. Y los puertos, se movilizaron a un ritmo agitado y sin descanso.

Las primeras fábricas eran instalaciones muy improvisadas, ya que no estaban preparadas para alojar tantos trabajadores. Eran sucias por dentro, con mala iluminación y sin ningún tipo de sistema o norma de seguridad. Más aún, tomando en cuenta que los primeros trabajadores permanecían en esos establecimientos durante catorce horas como mínimo... sí, catorce o dieciséis horas diarias, eso era lo que duraban las jornadas de trabajo en los primeros años de la era industrial. Se trataba de intensas jornadas donde no había casi lugar para el descanso. Y hay que agregar que los sueldos eran bajos, muy bajos en comparación con las horas de trabajo.

Además, no se comía, muchas veces, lo suficiente. La base de las comidas, en esos años, era la harina. Se hacía pan, o se mezclaba con avena o legumbres. También se consumía mucha sopa, caldos espesos con pocos ingredientes. De tanto en tanto, se podía disfrutar de algún pescado y carne, aunque en los sectores más pobres se veía poco y nada de ese tipo de alimentos. La harina seguía siendo la base de la comida de los trabajadores. La alimentación dependía, obviamente, del salario.

Pero la Revolución Industrial no solo modificó las formas de producción y de trabajo. También cambió, entre otras cosas, las formas de comer. Sí, así como leen, por esos años aparecieron nuevas comidas y hábitos. Las comidas rápidas, como los sánguches y las hamburguesas, surgieron durante la era industrial. Como los trabajadores tenían apenas un rato para almorzar, se

las ingeniaban para comer algo rápido y al paso. Así fue que las hamburguesas, hoy consumidas por todo el mundo, nacieron a los costados de las primeras fábricas. Porque justamente las preparaban al costado de las fábricas, en puestos callejeros, donde se comía parado y con las manos. Y rapidito, no se podía perder demasiado tiempo. Pero, no solo se comían hamburguesas, sino también sopas calientes que se tomaban con la misma rapidez. Así surgió un hábito que llegó para instalarse: las comidas al paso.

Hoy es parte del paisaje diario los locales de comida rápida, donde se come rápido y con las manos.

Enfermedades para pobres

Ya hablamos de los trabajadores que se dirigían a las grandes ciudades sin la certeza de cómo serían sus próximos días. En esos primeros años de la era industrial, la vida de los trabajadores en las ciudades era muy incierta. Por ejemplo, los lugares donde fueron a vivir. Porque en verdad, no eran viviendas o casas con las comodidades necesarias. Todo lo contrario. Cuando los que ya vivían en las ciudades, en pleno despegue de la Revolución Industrial, se dieron cuenta del aluvión de nuevos trabajadores, intuyeron que algún buen negocio podían aprovechar. Y lo hicieron. Los que tenían casas amplias, dividieron las habitaciones para alquilarlas como piezas pequeñas, algunas muy, muy pequeñas, donde los inquilinos debían compartir baño y cocina.

En poco tiempo, esas casas, diseñadas como pensiones, se llenaron de trabajadores, acurrucados en habitaciones pequeñas, con muy poco lugar para la privacidad. En otros lugares, se construyeron casas de dos pisos, o tres, sin una previa planificación. Había que alojar a los nuevos habitantes. Todos ellos obreros que llegaban a esos rincones olvidados de la ciudad para el descanso necesario y así, al otro día, bien temprano y recuperados, salir hacia la fábrica.

Esa rutina se repetía todos los días de la semana, ya que trabajaban de lunes a sábado y, a veces, los domingos hasta el mediodía. Las ciudades crecían hacia uno y otro lado, de este a oeste y de sur a norte. Nuevas casas y locales, fábricas funcionando sin respiro, miles de personas circulando por las calles. Ni el más lúcido pensador hubiese imaginado esos cambios tan abruptos que irrumpieron a fines del siglo XVIII. Y cuando llegaron, no hubo posibilidad de volver atrás.

Al principio, la mayoría de los nuevos habitantes de las ciudades eran hombres. Hombres solos y algo desorientados que llegaban para probar suerte. El objetivo original era conseguir algún trabajo para luego llevar el resto de la familia. Así fueron las primeras migraciones hacia la ciudad. Y esas migraciones a las ciudades desintegraron la mayoría de los talleres domésticos. Por un lado, porque los dueños de esos talleres buscaban espacios más grandes para aumentar la producción, como ya hemos visto. Y además, se desintegraron muchas familias, ya que también cambiaba el lugar de trabajo. El hombre debía mudarse a la ciudad. El resto de la familia se quedaba en la casa esperando noticias. El lugar de trabajo ya no era el mismo lugar donde vivían. Otros de los grandes cambios que provocó la Revolución Industrial.

Sin embargo, como ya vimos, las ciudades no estaban preparadas para recibir tanta cantidad de personas. Sin dudas que eso se notó, porque las ciudades comenzaron a desbordarse, a crecer de manera desprolija y con ciertos riesgos para los nuevos habitantes. No había un trazado urbano pensado para las fábricas y menos aún para las nuevas viviendas de los obreros. Todo crecía de manera desmedida.

Esto se notó de inmediato en las formas de vivir, especialmente en los barrios de los trabajadores. ¿Y de qué manera? En muchos aspectos. Veamos cuáles. Las condiciones higiénicas empeoraron con el aumento de la población. Los barrios obreros no contaban con alumbrado público, ni asfalto, ni tampoco agua potable. No había desagües y no existía la recolección de basura. De esa manera, los desperdicios se amontonaban en las esquinas o en los terrenos cercanos. Con el paso de días, de semanas, se formaban montañas de basura. Fue así que aparecieron las enfermedades, y muchas de ellas terminaron en epidemias que se expandieron por los barrios.

¿Cuál es la diferencia entre una enfermedad y una epidemia? Una enfermedad ataca a una persona en particular, o bien dos o tres simultáneamente. Una epidemia es cuando esa enfermedad ataca a una población entera, en una misma región y en un mismo momento. Eso fue lo que sucedió, muchas veces, en los barrios obreros. Diarreas, problemas respiratorios, náuseas, dolores estomacales. Una enfermedad podía contagiarse en esos basurales o en una de las casas, esa persona ya enferma contagiaba a otro habitante de la casa, que a su vez llevaba la enfermedad a la fábrica. Y desde la fábrica podía propagarse a otros barrios. Así se iniciaba la epidemia. Algo que se volvió cotidiano, un problema de todos los días.

Sin embargo, a mediados del siglo XIX algunas cosas cambiaron. Por ejemplo, en algunos barrios de trabajadores se proyectó un plan de salud y comenzaron a aplicarse políticas sanitarias para erradicar esas enfermedades. Pero eso fue tiempo después, cuando el gobierno prestó mayor atención a las dificultades de los barrios obreros. A la vez, se dictaron ciertas leyes que buscaban aliviar las condiciones del trabajo. Así como también en algunos empleos aumentó el salario. Pero solo en algunos empleos, la mayoría seguía ganando muy poco, apenas alcanzaba para subsistir.

Los unos y los otros

La Revolución Industrial todo lo cambió, lo que incluye las formas de producir y el sistema económico, además mejoró la situación mundial de Inglaterra y también el paisaje en el interior de ese país. Veamos entonces algunos cambios que se produjeron en las grandes urbes. Allí comenzaron a notarse las diferentes formas de vivir, estaban los sectores más adinerados, pero... ¿quiénes pertenecían a las clases altas? Nada menos que los dueños de las fábricas, los grandes comerciantes y los inversores. Orgullosos del éxito de sus empresas, deambulaban por la ciudad, cómodos y satisfechos, gozando de una vida sin demasiados sobresaltos.

Sus casas solían ser grandes, de dos pisos y amplios jardines. Por ejemplo, en Londres, nacieron los primeros barrios lujosos como St. James Square, Picadilly, Pall Mall. Suntuosos barrios que desbordaban de belleza y tranquilidad, con casas que imitaban palacios y calles más tranquilas que las de los barrios obreros. Mientras que, a en las afueras, en la llamada campiña, estaban los palacios y las estancias donde habían vivido y aún vivía parte de la nobleza inglesa.

Sin embargo, a medida que las ciudades continuaban creciendo, que el ruido y el humo se multiplicaban, varias familias adineradas decidían regresar a las zonas rurales. A medida que avanzó el siglo XIX, muchas de esas familias decidieron mudarse al campo, a las casas y estancias donde reencontrarse con la tranquilidad perdida. Esa tendencia creció con el siglo XIX. Y eso también cambió el lugar de la mujer en las familias pudientes. Cuando esa misma familia vivía en la ciudad, cerca de las fábricas, la mujer se encargaba de algunas tareas de la empresa. Por ejemplo, llevaba las cuentas, podía asesorar en donde invertir o qué productos comprar. Siempre desde su casa y sin pisar la fábrica. Era un deshonor que una mujer pudiente, de buen pasar, visitara una fábrica. Eso era tarea del hombre, salvo en el caso de las viudas, que por obligación se hacían cargo de los negocios.

Cuando se mudaron a las casas de campo, ya lejos de las fábricas, la mayoría de esas mujeres se dedicaron íntegramente a cuestiones de la casa. Dejaron los números y el funcionamiento de las empresas, para cuidar a sus niños y las tareas de la casa. La imagen de la mujer sentada en un inmenso parque, bajo las sombras de bellos árboles, leyendo cuentos a sus hijos, se reprodujo como una postal de las clases adineradas. Lejos, muy lejos, las fábricas seguían funcionando sin respiro.

La mujer trabajadora

Del otro lado, en el otro extremo de esa vida, estaban los obreros. Los barrios de trabajadores comenzaron a crecer a medida que iban llegando más y más personas a las ciudades, como ya hemos visto. Eran dos formas de vida opuestas, muy diferentes, y sin embargo, todos ellos convivían en las ciudades. El hijo del dueño de la fábrica que podía pasearse por su jardín o recorrer las calles de su barrio con su mucama o su institutriz. Y del otro lado, a cuadras de distancia, los hijos de los obreros, que debían aportar a la economía de la familia, yendo a trabajar o colaborando en las tareas de la casa. La ciudad mostraba esas dos caras. Algo que se repitió años después en otras partes del mundo.

La mujer de las clases trabajadores cumplía una gran cantidad de tareas. Se encargaba del cuidado de los hijos y de los quehaceres domésticos como la limpieza, cocinar para toda la familia o el lavado de ropa. Era quien se dirigía al mercado en busca de mejores precios, les daba de comer a los niños y los llevaba a la escuela, también solía acercarse a la puerta de la fábrica para alcanzarle algún alimento a su esposo. Hasta que no aparecieron los lavarropas, la mujer limpiaba a mano la ropa de cada una de los integrantes de la familia.

¿Les parece mucho trabajo? Sin embargo, había quienes además de todas estas tareas, también trabajaban para otros. Cocían o tejían para otras familias, eran servicio de limpieza en otras casas, hacían venta callejera o se empleaban en comercios como una panadería o en las ferias. Todas buscaban llevar un ingreso más a la familia. Era claro que el salario del obrero en muchos casos no alcanzaba para cubrir los gastos de la familia. Pero no solo la mujer aportaba a la casa, también los niños ayudaban. De eso hablaremos en las próximas páginas.

Todo el mundo a trabajar

A pesar de que la vida en las ciudades no resultaba tan prometedora y menos aún, cómoda... ¿las personas seguían mudándose a ellas? La respuesta es sí. Las ciudades seguían creciendo y creciendo. ¿Y cuáles eran los motivos por los que continuaban esos movimientos migratorios? Básicamente, porque seguían apareciendo fábricas y seguían produciendo a un ritmo sostenido. Por lo tanto, seguían necesitando obreros.

La era industrial había comenzado y no podía parar. Por eso, con el paso del tiempo, las mujeres y niños también fueron empleados en la ciudad. Pero... ¿dónde trabajaban? Muchos de ellos, en las fábricas. Finalmente, todos terminaban en las fábricas. Los hombres primero, y luego las mujeres y los niños.

En las grandes fábricas siempre había alguna tarea para las mujeres y los niños, todos eran útiles para la maquinaria industrial. Pero a las mujeres, vale aclararlo, se les pagaba menos que a los hombres. Incluso, en muchos casos las mujeres cobraban la mitad de un sueldo del obrero varón. ¿Por qué? Porque vivían en una sociedad machista, dominada por hombres y manejada por hombres, tanto en la economía como en la política. Si bien las mujeres resultaron fundamentales para el despegue de la Revolución Industrial, en cuanto al pago se llevaron la peor parte.

¿Y cómo era la situación de los niños en las fábricas? También se les pagaba menos que a los adultos. La misma situación que sufrían las mujeres. Muchos de los niños-obreros, o de los obreros-niños, vivían en las casas de expósitos, lugares donde vivían los huérfanos, que en su mayoría habían sido abandonados en la calle o en la puerta de las iglesias. En esas casas se les daba un techo, comida y educación, pero también, casi siempre, terminaban en las fábricas.

Eran muchas las mujeres y niños que trabajaban codo a codo con los obreros, incluso en algunas ciudades, la mitad de los trabajadores se trataba de mujeres. Otro alto porcentaje lo ocupaban los niños. Lo que unía a hombres, mujeres y niños era la forma de pago, otra novedad de la Revolución Industrial.

En algunas fábricas se pagaba por semana, en otras cada quince días o también por mes. Pero siempre, la cifra del sueldo se calculaba por horas de trabajo, más allá de cuánto producía esa fábrica. Por lo tanto, si esa fábrica tenía mayor producción en un momento del año y los salarios se mantenían fijos, el dueño de la fábrica aumentaba sus ganancias. Una de las tantas maneras en que crecía la diferencia entre los obreros y los propietarios de las industrias. El salario se instaló como forma de pago con la Revolución Industrial, y continúa en vigencia en la mayoría de los países del mundo.

Los únicos privilegiados no eran los niños

Con los años, y con tantos niños trabajando en las fábricas, aparecieron varias denuncias sobre esa situación. Fue entonces que algún miembro de la corona inglesa se apiadó y se animó a proponer leyes para proteger a los pequeños. No estaba bien visto que el país más poderoso del mundo, modelo a imitar por tantas otras naciones, tuviese tantos chicos en las fábricas y para peor, en condiciones insalubres. Así llegaron las leyes protectoras.

En 1802 se dictó una ley que limitaba la jornada laboral a doce horas para los niños menores de 9 años. Esa ley existió por

la simple razón de que la mayoría de los niños trabajaban más de doce horas. Esa misma ley, por primera vez en la era industrial, exigía mejoras en las condiciones laborales. ¿Qué se pretendía? Muy simple, mejorar las condiciones en los lugares de trabajo y reducir las horas de cada jornada. La idea era que un trabajador no superara las catorce horas diarias, exigiendo además mejores condiciones de salud en las fábricas, como una buena ventilación e higiene cotidiana.

Estas leyes fueron difundidas en los lugares de trabajo con la intención de que se cumplieran pero, en la mayoría de los casos, los dueños de las fábricas no las aplicaron, salvo en caso de inspecciones o posibles multas.

Con el paso de los años, se dictaron nuevas leyes. En 1833, aparecieron las llamadas leyes fabriles, que directamente prohibían el trabajo a menores de 9 años, limitando también las horas de trabajo para los niños de 9 a 12 años. ¿Y cuántas horas podían trabajar esos niños? Hasta 8 horas por día. Y los niños de 13 a 16 a niños, solo 12 horas. Se buscaba mejorar el trabajo infantil, pero... aún faltaba mucho para erradicar definitivamente el trabajo infantil.

Sin embargo, esas mismas leyes permitían el trabajo de 15 o 16 horas para cualquier trabajador adulto y nada decían de las mujeres. Esa fue la razón de que muchos dueños de fábricas continuaran empleándolas. La ley se los permitía.

El ocio de los trabajadores

Con tanto trabajo, ¿los obreros tenían tiempo para el ocio y el divertimento? Apenas unas pocas horas, pero siempre era posible tener algunos pasatiempos a mano. El lugar más común donde iban los trabajadores era la taberna, lo más parecido a un actual bar. Concurrían a la noche, a beber alcohol, a encontrarse con otros trabajadores, a disfrutar de juegos de mesa pero, sobre todo, a lo que más se dedicaban era a beber. Se consumían muchas bebidas alcohólicas, especialmente ginebra, en parte para olvidarse por un rato de la mala vida. La taberna era un lugar de hombres, abierto durante las noches. En su interior, había mucho olor a tabaco barato y alcohol fuerte. Allí se gastaban los pocos ahorros que tenían.

Y hubo personas, antiguos habitantes de las ciudades, que vieron la oportunidad de nuevos negocios. Así como en poco tiempo se improvisaron piezas para alquilar, lo mismo ocurrió con la posibilidad del entretenimiento. Estas personas abrieron más tabernas y también organizaron kermeses para los fines de semana. ¿Qué era una kermés? Era un lugar, comúnmente al aire libre, donde había lugar para comer y beber, sorteos y breves shows artísticos. Había de todo un poco y, a diferencia de la taberna, a las kermeses concurría toda la familia. En muchos casos se organizaban en las Iglesias o bien en un terreno baldío. Porque las iglesias eran otros lugares de encuentro. Los domingos solían juntarse las familias a un ritual infaltable: la misa, tanto las pobres como las ricas y cada una en su correspondiente capilla.

Otro de los lugares donde los trabajadores solían concurrir era el circo. Por esos años, los circos ofrecían diferentes espectáculos como payasos, shows de acrobacias, magos, destreza con animales y, a veces, pequeñas obras de teatro. De hecho, el primer circo moderno, tal cual existe en la actualidad, se inauguró en 1768 y fue en la ciudad de Londres, coincidiendo con los

años en que comenzaba la Revolución Industrial. Y se dice circo moderno para diferenciarlo de los circos romanos. Se instalaban en las ciudades y ofrecían todo tipo de espectáculos para toda la familia.

A esos entretenimientos, tanto las kermeses como los circos, solían ir los diferentes sectores sociales de una misma ciudad. Es decir, pobres y ricos, obreros y capitalistas, empleados y grandes comerciantes. En las ciudades donde se instalaron las fábricas, el ocio fue una de las pocas actividades que tanto ricos como pobres compartieron. En esos espacios, por unas horas, sabían disfrutar de los espectáculos y no importaba cómo vivía cada uno. Algo que también sucedió a lo largo del siglo XX, con otros entretenimientos. Luego, cada uno volvía a la rutina y volvían, también, las grandes diferencias entre un sector y otro.

CAPÍTULO IV

LOS OBREROS ALZAN LA VOZ

Como vimos en el capítulo anterior, la vida de los obreros, durante los inicios de la Revolución Industrial, no fue nada fácil. Salarios bajos, extensas jornadas laborales, condiciones de vida precarias, lugares de trabajo insalubres. Entonces... ¿no hubo quejas de parte de los sectores más perjudicados? ¿No hubo protestas de los trabajadores? ¿Aceptaron su destino sin levantar la voz? Con el desarrollo de la Revolución Industrial llegaron las primeras organizaciones obreras que, con el tiempo, derivaron en los sindicatos, que en la mayoría de los países siguen existiendo para proteger los derechos de los trabajadores. Los sindicatos también fueron consecuencia de la Revolución Industrial.

Veamos con mayor detalle este tema.

Rompiendo máquinas

Ned Ludd, según cuentan algunos historiadores, era un obrero que vivía en la aldea de Anstey, dentro del distrito Leicestershire. A fines del siglo XVIII fue desplazado de su trabajo, junto con otros trabajadores, al comenzar a usarse las nuevas máquinas. Las mismas máquinas que estuvimos viendo y que revolucionaron el ritmo de producción en los talleres familiares. El enigmático Ludd, que para otros historiadores en verdad se llamó Ned Ludman, tuvo una forma particular de protestar. Al no tener más trabajo, quemó dos tejedoras mecánicas. Eso fue, según cuentan, en el año 1779. Era una clara protesta ante la aparición de los avances tecnológicos. Esa forma de protesta fue imitada por obreros de otras regiones, que pasaron por situaciones parecidas al quedarse sin trabajo.

Algunos dudaron realmente de la existencia de ese tal Ned Ludd o Ned Ludman, hasta dijeron que se trató de un personaje inventado por los hombres que lideraron ese tipo de protestas. Lo que sí ocurrió fue que se quemaron y destruyeron las nuevas máquinas, una respuesta violenta a lo que estaba pasando. La primera de esas organizaciones llevó el nombre de "movimiento ludita", en honor al tal Led Ludd, el pionero en manifestar su descontento. El movimiento ludista se extendió en Inglaterra durante la década de 1810. Y siempre con las mismas formas: rompiendo las nuevas maquinarias.

Esas formas de protestas pusieron en alerta al gobierno inglés y, por eso, el Parlamento lanzó una ley que prohibía las protestas y las organizaciones de obreros. Esa ley se llamó *Combination Acts* y fue dictada en el año 1800. Así fue que cualquier organización de trabajadores era ilegal y quienes la integraban podían ser encarcelados.

El movimiento ludista no duró mucho tiempo más. Hacia 1820 los obreros habían optado por otras formas de protestas, que no tenían como blanco a la maquinaria moderna sino al propio dueño de la fábrica, también llamado "capitalista".

Esas nuevas organizaciones, además de sus intentos por cambiar la situación de los trabajadores, estimulaban la solidaridad entre los obreros. Se hacían colectas, rifas, kermeses, para recaudar dinero y poder así ayudar a los que estaban sin trabajo o a los que atravesaba una difícil situación económica. Eso sí, para recibir una ayuda, debían pertenecer a la asociación. Los mismos nombres de esas asociaciones ya hablaban de la solidaridad entre ellos. Por ejemplo, sociedades de ayuda mutua.

Cartas obreras para votar

El siglo XIX continuaba avanzando, la Revolución Industrial crecía a pasos agigantados y los obreros... los obreros continuaban disconformes. Había llegado el momento de organizarse.

En la década de 1830 aparecieron nuevas formas de protesta, y se las conoció con el nombre de movimiento cartista. ¿A qué se debía ese nombre? ¿Qué pretendían? Se llamó "cartista" porque, justamente, los obreros comenzaron a redactar cartas exigiendo la posibilidad de votar, es decir, pidiendo el sufragio universal para todos por igual. Fueron miles y miles de trabajadores que firmaron esas cartas que se recogían en las fábricas, en sus lugares de reunión, en las plazas públicas. Cuando apareció el movimiento, tuvo un gran impacto.

Pero, ¿adónde enviaban esas cartas? Su destino era el Parlamento y se pedía la reforma electoral que les permitiera votar como tantos otros ciudadanos ingleses. La idea era participar en política para proponer leyes que mejoraran sus condiciones de trabajo. Recordemos que en esas primeras décadas del siglo XIX, muy pocos países tenían un sistema democrático. Es decir, la mayoría de la población no tenía ni voz ni voto.

Con los años, también el movimiento cartista fue perdiendo fuerza y a mediados del siglo XIX, casi había desaparecido. Sin embargo, muchas mejoras que se pedían en esas cartas, se convirtieron en leyes laborales tiempo después. Por ejemplo, las leyes que el Parlamento lanzó en 1833 que, en algunos casos, mejoraron las formas de trabajo. Claro que sólo en algunos casos, porque fueron muchas las fábricas que no les prestaron atención.

Fin de la prohibición

A pesar de que la ley seguía limitando y controlando a las asociaciones de trabajadores, éstos se siguieron organizando para hacerse escuchar, muchas veces de manera clandestina, a escondidas de la policía y en lugares ocultos. De una u otra manera, las protestas se multiplicaron en todo el territorio de Inglaterra.

Fue así que un buen día, el gobierno inglés declaró legales las organizaciones obreras, por lo que pudieron reunirse sin el riesgo de continuar sus días en una cárcel. Eso fue en el año 1824. Inglaterra, con esa ley, se convertía en el primer país en permitir la libre actividad obrera. En unos pocos años, se pasó de prohibir y perseguir la protesta de los trabajadores, a tolerarla.

Sin embargo, a pesar de que ya no era delito protestar y organizarse, los líderes de esas asociaciones fueron controlados. En la década de 1830, aparecieron más y más organizaciones obreras, con otros nombres y otros líderes y una nueva modalidad: sus integrantes compartían un mismo oficio y pertenecían a una misma ciudad o región. Así surgió el sindicato de trabajadores del algodón, o el de los carpinteros.

¿Qué es lo que querían esas nuevas organizaciones? Los pedidos al gobierno se volvían a repetir: reducir la jornada de trabajo, mejoras en los lugares de trabajo, salarios más altos y, también, limitar las horas de trabajo de las mujeres y los niños.

Estos sindicatos fueron evolucionando a lo largo de los años, cambiando sus métodos de protesta y su funcionamiento interno. Hubo leyes que dictó el gobierno inglés que mejoraron las condiciones laborales, haciendo caso a los pedidos pero, de todas formas, el exceso de trabajo y los salarios seguían siendo insuficientes. Por eso, continuaron vigentes estas organizaciones obreras, lo que permitió el nacimiento de un nuevo pensamiento filosófico y político, y hasta económico. ¿De qué estamos hablando? ¿Quién fue el creador de estas nuevas ideas? Pasemos a la siguiente parte y veremos de quién se trata.

Un tal Karl Marx

Tréveris era un histórico pueblo alemán, que pertenecía a la provincia del Rin. Allí, en 1818, nació Karl Marx, en una familia judía y numerosa. De muy joven fue a estudiar a la universidad de Bonn. Pero en esa ciudad no hizo más que concurrir a las tabernas con compañeros suyos. La ciudad donde comenzó sus estudios, con

la disciplina necesaria para terminarlos, fue Berlín. Allí estudió derecho y comenzó a participar en política hasta que en 1848 lanzó una propuesta revolucionaria, un texto llamado "El manifiesto comunista", que sugería que la unión de todos los trabajadores del mundo, bien organizados, terminaría con el sistema capitalista. Esa unión daría lugar a un nuevo sistema: el comunismo.

Y con el objetivo de destruir al capitalismo, Marx participó de la formación de una organización internacional de trabajadores, en 1864. Esa organización se llamó la "Asociación Internacional de Trabajadores" y se fundó en Londres. ¿Por qué estamos hablando de Marx? Porque fue él quien se alzó contra la maquinaria industrial y propuso, a diferencia de las otras organizaciones obreras, un sistema alternativo al capitalismo: el sistema comunista. Ese modelo de Estado tuvo vigencia mucho tiempo después, cuando Marx ya había muerto, y dividió al mundo a partir de mediados del siglo XX. Pero eso es tema para otro libro.

Las ideas de Marx y la aparición del comunismo también fueron otra consecuencia de la Revolución Industrial.

CAPÍTULO V

De Inglaterra, al mundo

Hemos visto cómo surgió la Revolución Industrial, de qué manera despegó y cuáles fueron los cambios que originó. Prestamos especial atención a Inglaterra pero, en el resto del mundo, ¿qué sucedía?

Una buena parte del planeta comenzó a producir para el país más poderoso, claramente, Inglaterra. Y así, el algodón y otras materias primas, que provenían de diferentes regiones, iban directo a las ciudades inglesas para ser elaborado en las fábricas, de donde salían las manufacturas hacia el resto del mundo. El nuevo sistema económico dividió a los países en productores de materia prima y productores de manufacturas. Los ingleses serían el primer país productor de manufacturas, lo que los llevó a liderar la economía mundial.

Pero... ¿solo los productos elaborados con el algodón eran los que se vendían al mundo? Veamos cómo hubo otros que Inglaterra comenzó a exportar.

Un modelo a imitar

Recordemos, antes de continuar con esta historia, que por esos años las noticias recorrían el mundo con gran lentitud, llegaban semanas o meses después de los acontecimientos por intermedio de las cartas privadas, por viajeros que las llevaban boca a boca, o por los comerciantes, que llevaban sus mercancías a tal o cual país.

De esa manera, buena parte del mundo se enteró de los avances de la Revolución Industrial. Y muchos, entonces, quisieron copiar ese modelo. Fue así que infinidad de inventores ingleses visitaron algunos países de Europa y algunas ciudades de Estados Unidos para compartir sus conocimientos. Esos técnicos e ingenieros recorrían las capitales europeas como auténticos genios de la época. Enseñaban a usar las máquinas a vapor, las nuevas invenciones utilizadas en las fábricas, cómo y de qué manera invertir el dinero ahorrado... Muchos países querían imitar el modelo económico inglés.

Ese país, que dominaba los mares, que había ganado las guerras en Europa a partir de fines del siglo XVIII, ahora se volvía un modelo a imitar por el resto de las naciones

Así, algunos países, con los años, lograron un desarrollo industrial con ciertas similitudes con el de Inglaterra. Por ejemplo, Bélgica, Francia y Alemania. Fuera de Europa, Estados Unidos y Japón, pero recién a fines del siglo XIX. Pero, para tranquilidad de los ingleses, ellos les llevaban una amplia ventaja a todos. Ventaja que duró, al menos, hasta finalizar la primera guerra mundial, allá por el año 1918. Es decir, durante todo el siglo XIX Inglaterra fue el país más poderoso del planeta Tierra.

¡Vaya si se notó!

Otros países fueron obedientes a sus necesidades. Si Inglaterra necesitaba algodón, se producía algodón. O si se necesitaban cueros y carne, se criaban y vendían esos productos. Estas naciones obedientes fueron también muy importantes para la Revolución Industrial. Eran los que proveían la materia prima y, a la vez, compradores de las manufacturas.

¡Qué negocio para Inglaterra!

Y un buen día llegó el ferrocarril

Si los cambios que vimos les parecieron muy importantes, lo suficientes para comprender la trascendencia de la Revolución Industrial, sigan leyendo, presten atención que hay más todavía. Porque un buen día del año 1825, comenzó a funcionar el primer tren en el mundo. Y desde ese día, hasta la actualidad, se convirtió en uno de los medios de transporte más seguros y usados, ¡y que menos contamina el medio ambiente!

El ferrocarril también fue consecuencia de la Revolución Industrial. ¿Y qué relación hay entre los talleres domésticos, el algodón, la manufactura y los trenes? Las minas de carbón, con el despegue de la producción fabril, tenían más y más trabajo. Se necesitaba mucho carbón para las fábricas y, por lo tanto, toda mina que se descubría pasaba a ser explotada. Pero se repetía el mismo problema: el traslado del carbón desde las minas hacia otros lugares. Y como vimos en los capítulos anteriores, los ingenieros y los técnicos estaban al servicio de la Revolución Industrial y se pusieron a trabajar para resolver ese problema. Y lo lograron.

Primero comenzaron a probar una máquina a vapor para impulsar pequeños coches. Lo primeros ensayos estuvieron a cargo del ingeniero Trevithick, en las calles de Londres. Eso fue en el año 1803. Luego, nueve años después llegó un tal Jorge Stephenson, que puso una locomotora delante del coche. El tren iba tomando forma.

Y un buen día del año 1825, comenzó a funcionar el primer ferrocarril. Fue el que llevó carbón desde el yacimiento de una mina de Durham, hasta la costa de esa misma ciudad. Esto sucedió en el norte de Inglaterra, en una región minera.

Pero, cómo solía suceder en esos años, los ingenieros, técnicos e inventores no se quedaron conformes y siguieron innovando, buscando nuevos adelantos. Y entonces fue que en 1829, se lanzó el primer ferrocarril para el transporte de pasajeros. Los trenes ya no solo servían para llevar el carbón. El ferrocarril creció y creció y, desde Inglaterra, comenzó a expandirse hacia el mundo. Otra consecuencia de la Revolución Industrial y del espíritu innovador que había en esos años. Veamos, ahora, cómo el tren comenzó a funcionar en casi todos los países.

Destino final: el mundo

Una vez que el primer tren comenzó a funcionar, algo en el mundo entero cambió. En el mismo territorio de Inglaterra comenzaron a instalarse rutas ferroviarias por todos los rincones.

Miles y miles de obreros trabajando, cavando fosas, colocando rieles, construyendo estaciones, abriendo caminos. Los ingenieros, por su parte, calculaban los lugares donde instalar nuevas líneas. Nacía un nuevo y próspero negocio. Los primeros trenes de pasajeros se concentraron en el circuito que iba de Liverpool a Manchester, dos centros fundamentales de la producción industrial.

Toda esa vorágine, ese movimiento de dinero y de personas, aceleraba la industria del carbón y, también, la del hierro. ¿Por qué la industria del carbón? Porque para el combustible de los motores se utilizaba ese mineral. ¿Y por qué el hierro? Justamente, porque los rieles se construían con hierro, para mayor seguridad y una circulación más veloz. Todo se movilizaba alrededor del ferrocarril.

A partir de la década de 1830, el crecimiento fue imparable, ya que comenzaron a exportarse trenes. Primero, a los países de Europa central, trenes ideados y proyectados por técnicos de ese país y construidos con hierro también de ese país. En unas pocas décadas, buena parte de Europa se vio comunicada por el ferrocarril.

Y de Europa, pasó al continente americano. Los primeros trenes instalados en nuestro continente fueron en Argentina y en Paraguay, dato que tal vez muchos desconocen. Y obviamente, también en Estados Unidos. Y como sucedió en Europa, cada uno de los ferrocarriles se construyó con dinero, material y conocimiento inglés.

De esa manera, Inglaterra volvía a hacerse presente en el mundo. Antes, había sido con los productos elaborados con el algodón y las primeras manufacturas. Corría el siglo XIX y los trenes ingleses circulaban por todo el planeta tierra. Era el medio de transporte que revolucionó las comunicaciones en esa época. Otra consecuencia de la Revolución Industrial. Otra industria donde Inglaterra les ganaba de mano al resto del mundo.

Y llegó la segunda Revolución Industrial.

¿Les parecieron pocos los cambios que provocó la era industrial desde fines del siglo XVIII? ¿No tuvimos bastante recorrido ya? ¿Por qué estas preguntas? Porque, justamente, no conforme con una, hubo una segunda Revolución Industrial. ¿Y cuándo ocurrió? Desde mediados de 1850, el mundo europeo se vio sacudido por nuevos cambios en la producción. Veamos cuáles fueron.

A medida que transcurrió el siglo XIX, el conocimiento científico se amplió y se pudo aplicar, con nuevos inventos, a la industria. Nuevos e importantes inventos. Gracias al avance de la ciencia y la tecnología, se descubrieron nuevos metales como el zinc, el aluminio y, sobre todo, el acero. ¿Y para qué sirvieron esos nuevos metales? ¿En dónde se utilizaron? Todo nuevo descubrimiento fue utilizado para la industria. Se encontraron nuevos usos para el hierro y, así, se comenzaron a construir puentes, estaciones de trenes, y a fines del siglo XIX, edificios. El más conocido, totalmente hecho de hierro, es la Torre Eiffel, terminada en 1889, a orillas del río Sena, en el centro de París.

Pero el metal más utilizado, a partir de ciertos descubrimientos, fue el acero. Vale aclararlo, ya existía desde antes, pero con los nuevos procedimientos se abarató su producción, lo que permitió un mayor uso. El acero fue la gran innovación de esta segunda Revolución Industrial.

¿Y por qué su importancia? Con los años, el acero comenzó a utilizarse, especialmente, para la construcción de armas. El conocimiento científico, de esa manera, se puso a disposición de la industria bélica. Armas más poderosas, como cañones, submarinos, rifles, todas hechas con acero. El invento más importante fueron los potentes cañones Krupp, de origen alemán, que fueron utilizados por primera vez en la guerra en que ese país derrotó a Francia en 1871. También en las últimas décadas del siglo XIX, comenzó la feroz competencia entre las naciones capitalistas. ¿Y quienes participaron de esa competencia? Nada menos que Francia y Alemania, y fuera de Europa, Japón y Estados Unidos.

Todas esas armas, hechas con acero, se probaron en algunas guerras que sacudieron Europa a mediados del siglo XIX. Pero, sobre todo, serán utilizadas en décadas posteriores, ya entrado el siglo XX. La primera guerra mundial, que estalló en 1914, demostró cómo se habían dedicado los países más poderosos del mundo a la temible industria bélica. Los alcances de la Revolución Industrial no tuvieron límites. Posiblemente, ni siquiera los inventores de aquellas primeras máquinas, hacia fines del siglo XVIII, habían imaginado que todo terminaría con una poderosa industria bélica, que se utilizaría para matar millones de personas. Así son los caminos inciertos de la historia.

El pasado, el presente, ¿y el futuro?

Fueron pocos los años, y a la vez muy intensos, los que recorrimos en estas páginas. Hemos visto cómo cambió el mundo con el surgimiento, la afirmación y la expansión del sistema capitalista. Hemos recorrido, nada más y nada menos, que la historia de la Revolución Industrial. Fueron pocos años porque, repasemos... comenzamos allá por el año 1760, y pasamos por 1830, con el desarrollo del ferrocarril, continuamos hasta 1871, con la aparición del acero, hasta terminar hablando de la primera guerra mundial, ya entrado el siglo XX.

Pocos años y a su vez, ¡cuánto qué pasó!

Espero que no se hayan cansado de tantas horas de trabajo, de tanto ruido a máquinas y tanto bullicio de personas.

Lo que vimos fue el origen de algo que aún continúa en la actualidad: el sistema capitalista, que al principio se lo llamó Revolución Industrial, porque en verdad, pocos imaginaban hasta dónde llegarían todos esos cambios. De todo lo que vimos, ¿qué sigue vigente hoy en día? Vean cuánto: la producción industrial, los países productores de materia prima y de manufacturas, el pago a través del salario, el trabajo medido por las horas diarias, los sindicatos y las ciudades superpobladas. Y muchas, muchas cosas más.

Los inicios de la Revolución Industrial fueron duros, como vimos en estas páginas. Muchas cosas mejoraron con respecto a ese tiempo, otras no tanto. La realidad es que el sistema que originó sigue vigente y fue adoptado por la mayoría de los países del mundo.

La idea es que conocieras toda esta historia. Sobre el futuro, no podemos decir mucho.

Es material para otro libro.

Índice

Cómo comenzó todo 3

Capítulo I
Quiénes y cómo vivían en aquella Inglaterra 5

Capítulo II
La producción se muda a la ciudad 17

Capítulo III
Una multitud en la ciudad 28

Capítulo IV
Los obreros alzan la voz 47

Capítulo V
De Inglaterra, al mundo 54

OTROS TÍTULOS DE ESTA COLECCIÓN